caillou™

se despierta de noche

Texto: Nicole Nadeau, psiquiatra infantil
Ilustraciones: Pierre Brignaud
Coloración: Marcel Depratto
Dirección artística: Monique Dupras

everest

Era medianoche.
Caillou estaba en la cama con su osito de peluche.
Mamá y papá también estaban en la cama.
Todo el mundo dormía.

De pronto, Caillou se despertó llorando.
Veía un montón de animales feroces.
Eran animales realmente grandes
y aterradores.

Caillou se sentía terriblemente pequeño.
Su osito Teddy también parecía
muy pequeño.
¿Dónde estaban papá y mamá?
Caillou se sentía muy solo y tenía
mucho miedo.

—¡Mamá, mamá! —llamó Caillou.
Su madre llegó corriendo:
—¿Qué pasa? —preguntó.
Caillou seguía llorando.
—Oh —dijo ella—. ¡Has tenido
una pesadilla!

Mamá abrazó a Caillou.
Sus brazos eran cálidos y suaves.
Olía muy bien.
Caillou empezó a sentirse mejor.

—Ahora debes volver a dormirte —dijo su madre—. Todavía está oscuro ahí fuera.

A Caillou le encantaba que su mamá lo acunara, aunque fuera en mitad de la noche.

—Buenas noches, Caillou —su madre lo arropó bien y volvió a la cama.

Así pasó otra noche.
Y otra. Y otra.
Caillou se despertaba todas las noches.

Lloraba todas las noches.
Y, como por arte de magia, venía mamá.
Y todas las noches su mamá lo acunaba
hasta que se dormía.

Una noche, Caillou se despertó y llamó
de nuevo a su madre.
Pero, esta vez, fue su padre el que llegó:
—Caillou, mira a tu osito Teddy. Está
muy cansado, pero no puede dormir
—le dijo papá.

—Creo que Teddy necesita tu ayuda —dijo papá—. ¿Puedes acunarlo hasta que se duerma?

Papá volvió a la cama. Caillou se quedó en la suya con Teddy.

Caillou empezó a llorar otra vez,
pero solo un poquito.
Abrazó y acunó a su osito de peluche.
Los brazos de Teddy eran cálidos y suaves.
Olía muy bien. Caillou se sentía mucho mejor.
Mamá y papá dormían. Caillou y Teddy,
también. Todo el mundo soñaba.
Era medianoche.

Título original: *Caillou Wakes Up at Night*
Traducción: Amanda Díaz Cobo

EDITORIAL EVEREST, S. A.
División de Licencias y Libros Singulares
Calle Manuel Tovar, 8
28034 Madrid (España)
ISBN: 978-84-441-6265-2
Depósito legal: LE. 1329-2009
Printed in Spain - Impreso en España
Editorial Evergráficas, S. L.

Licenciado por

ELASTIC
www.elasticrights.com